내 인생의 로드맵

특별히 ＿＿＿＿＿＿＿＿＿＿＿님께

이 소중한 책을 드립니다.

알립니다.

1. 개인이나 단체구입해 내용을 작성한 후 책을 보내 주시면 새로운 책으로 보내드립니다.
   (책 내용은 익명으로 추후 내용이 사용될 수 있습니다.)
2. 책을 완성 후 1년 후 3년 후 5년 후 10년 후 다시 내용에 대해 생각하고 작성해 보면 개인이나 교회 및 단체의 성장 과정과 인생의 로드맵을 알 수 있습니다.
3. 책의 수익금은 군 장병과 미자립교회, 선교지에 보내질 예정입니다.
   책 선교를 개인이나 단체로 원하시는 분들은 아래 계좌로 후원해주시면 감사하겠습니다.
   〈1구좌 1만 원(2권)/5구좌 5만 원(10권)/10구좌 10만 원(20권)〉
   신한은행 110-417-731293 / 예금주: 이용재(010-3426-1505)

My Life Road Map

내 인생의 로드맵

"하나님의 걸작품답게 살려면?"에 대한
해답을 찾고 싶은 청년과 청소년들에게!

이용재 목사 지음

나침반

삶의 가치와 목적은 중요하다.

삶의 가치와 목적은 중요하다
이를 모르고 살아가는 사람은 삶이 화려한듯하나
죽음을 두려워하며 초라하게 죽어간다.

삶의 가치와 목적을 알아가며 살아가는 사람은
힘든 삶의 길을 선택한 듯 하지만
죽음을 두려워하지 않고 가치있는
순교의 삶을 살아간다.

"평안을 너희에게 끼치노니
곧 나의 평안을 너희에게 주노라
내가 너희에게 주는 것은
세상이 주는 것과 같지 아니하니라
너희는 마음에 근심하지도 말고
두려워하지도 말라"
- 요한복음 14장 27절

나를 사랑하사

하나님 나를 사랑하사
생명의 숨 내어 불어 주시니 나의 심장이 뛰고

예수님 나를 사랑하사
생명의 보혈의 피로 나의 온몸을 덮으시고

성령님 나를 사랑하사
생명의 혈관 되어 머리부터 손끝, 발끝까지 나를 이으신다.

나의 삶은
날마다 심장에 담은 호흡 끊기지 않게
생명의 말씀으로 한 땀 한 땀 꿰매어가며

나의 삶은
날마다 예수의 이름으로 사투를 벌이며
감사의 찬송을 드린다.

이른 새벽에

서문

나를 조명하여 삶을 조명한다

소파에 앉아서 TV옆 화분을 바라보다
넓고 푸른 잎 속에 짙붉은 잎사귀를 발견하고
가까이 가서 보니 화술이 있는 꽃이었다.

짙은 색상의 꽃을 보자니
경이로운 아름다움이 느껴져 평범한
나의 삶 속에도 이러한 꽃이 피어날 때가
있었음을 생각해본다.

사람은 하나님의 걸작품이라고
이야기하곤 하는데 그러면 걸작품이
걸작품답게 살려고 하면 어떻게 해야 하나
생각하다 삶에 대해 구체적 문제를
제기하는 책을 통해 그 답을 찾아가는 과정,
그리고 나를 알아가는 시간이 필요하다는 것을 알게 되었다.

이 책이 비록 질그릇 같을지라도
청소년과 청년들이 성령님의 조명 아래
나, 예수님, 이웃에 대하여
알아가는 시간이 된다면
청소년과 청년들은 예수님의 삶을 닮아가는,
성령님이 이끄시는 명품의 삶을 살아갈 수 있다고 본다.

나는 산을 좋아해서 산을 오르며 많은 생각을 하고
고민했던 적이 있다.

나는 누구인가?
하나님은 어떤 분이신가?
예수님과 나의 관계?
나와 이웃과의 관계?

나는 무엇을 하면 좋은가?
내가 잘하는 것은?
내가 즐거워하는 것은?
나는 어디로 가고 있는가?

나의 신앙관은?

나는 왜 예배를 드리는가?

내가 만난 예수님은 누구인가?

나는 왜 방황을 하는가?

이와 같은 고민을 하며 세월이 흘렀다.

이런 고민을 같이 나누며 나의 정체성을 확립하고

나의 가치관을 세우는 시간이 필요하다고 생각한다.

이 책을 통해 충분히 고민하고 질문을 던지고

한 발 한 발 내딛는 나의 삶이 가치있고 행복한 삶의 여정이 되어

청소년은 소망을 품고, 청년은 희망의 날개를 펼치기를

기도하고 응원한다.

이용재 목사

1편 나를 조명하여 알아보기
I LOVE(=JESUS) YOU

2편 예수님을 통해 나를 조명해보기
I LOVE(=JESUS) YOU

3편 이웃을 통해 나를 조명해보기
I LOVE(=JESUS) YOU

부록

01. 미래 설계도
02. 신앙고백
03. 나에게 쓰는 위로와 격려편지
04. 미래의 나에게 쓰는 편지
05. 예수님/ 부모님/ 친구에게 감사편지 쓰기
06. 나의 버킷리스트 30개 적어보기
07. 나의 생명의 말씀 카드
08. 나를 알아보는 성향검사 결과

이 책을 사용하는 법

〈혼자 할 경우〉

1. 내가 생각하는 시간을 가지는 것이다.

2. 정답은 없다. 내가 나를 돌아보며 적어보자.

3. 잘 쓰려고 하지 말고 있는 그대로 생각나는 그대로 적어보자.

4. 거울에 비추어진 나의 모습을 보듯 나를 점검해보자.

5. 성령님이 나를 도와주실 수 있게 기도하자.

〈가족/ 교회 모임에서 진행할 경우〉

- 인도자 한 사람을 선정해 진행해보자.

1. 정답은 없다. 내가 나를 돌아보며 적어보게 하자.

2. 잘 쓰려고 하지 말고 있는 그대로 생각나는 그대로 적게 하자.

3. 내가 쓴 내용을 이야기 하자.

4. 다른 사람이 쓴 내용도 들어보자.

5. 다른 사람의 모습을 보며 나를 돌아보게 하자.

6. 토의할 내용이 있으면 같이 의견을 모아보자.

7. 서로를 위해 기도하는 시간을 갖게 하자.

한꺼번에 많이 하지 말고 하루 한 테마씩 하면서

생각해 보고, 점검하며, 기도하는 시간을 갖자.

1편

나를 조명하여 알아보기

I LOVE(=JESUS) YOU

"주께서 내 내장을 지으시며
나의 모태에서 나를 만드셨나이다
내가 주께 감사하옴은
나를 지으심이 심히 기묘하심이라
주께서 하시는 일이 기이함을
내 영혼이 잘 아나이다
내가 은밀한데서 지음을 받고 땅의
깊은 곳에서 기이하게
지음을 받은 때에 나의 형체가
주의 앞에 숨겨지지 못하였나이다
내 형질이 이루어지기 전에
주의 눈이 보셨으며 나를 위하여
정한 날이 하루도 되기 전에
주의 책에 다 기록이 되었나이다"
시편 139편 13절-16절

"세월을 아끼라 때가 악하니라
그러므로 어리석은 자가 되지 말고
오직 주의 뜻이 무엇인가 이해하라"
- 에베소서 5장 16절-17절

나를 알아보는 성향검사

(나의 성격은/ 내가 잘하는 것은)

〈지필을 통한 기질 약식검사〉

정말 아니다 1점 / 아니다 2점 / 보통이다 3점 / 그렇다 4점 / 정말 그렇다 5점

A. 안정형 점수 합계 : (점)

1. 시끄러운 장소 보다 혼자 있는 것을 좋아한다. ⸺⸺⸺⸺( )

2. 과장되게 말하는 사람은 신뢰하지 않는다. ⸺⸺⸺⸺( )

3. 정해진 규칙, 제도를 잘 따르는 편이다. ⸺⸺⸺⸺( )

4. 모험하는 것, 도전을 좋아하지 않는다. ⸺⸺⸺⸺( )

5. 혼자서 책보거나 학업 하는 것을 좋아한다. ⸺⸺⸺( )

B. 연구형 점수 합계 : (점)

1. 시끄러운 장소 보다 혼자 있는 것을 좋아한다. ⸺⸺⸺( )

2. 과장되게 말하는 사람은 신뢰하지 않는다. ⸺⸺⸺⸺( )

3. 학업을 할 때는 원리를 파악해서 푸는 것이 재미있다.·········· ( )

4. 말이나 글을 기승전결로 표현하는 것을 좋아한다.··········· ( )

5. 혼자서 책보거나, 학업 하는 것을 좋아한다.··············· ( )

C. 감성형 점수 합계 : (점)

1. 좋고 싫음이 얼굴과 말투에 숨김없이 나타난다.··········· ( )

2. 부모님, 친구 영향을 많이 받는 편이다.················· ( )

3. 모방을 잘 한다.···························· ( )

4. 엄숙한 것보다 활기찬 분위기가 좋다.················· ( )

5. 계획에 따라 하기보다는 상황에 따라 충동적으로

　　결정하는 편이다.························· ( )

D. 관찰형 점수 합계 : (점)

1. 자주 엉뚱하다는 소리를 듣는다.·················· ( )

2. 나만의 스타일과 색상을 추구한다.················· ( )

3. 남이 안하는 것을 하고 싶은 편이다.················· ( )

4. 관찰력이 뛰어나 특징을 잘 찾는 편이다.·············· ( )

5. 특이한 질문이 많은 편이다.···················· ( )

E. 현실형 점수 합계 : (점)

1. 무엇이든지 빨리빨리 하고 싶어 한다.··············· ( )

2. 임기응변 대처 능력이 빠른 편이다.················ ( )

3. 사물이나 환경을 활용하는 능력이 뛰어난 편이다. ( )

4. 장기적인 것보다 단기에 강한 편이다. ( )

5. 현실적이고 효율성을 많이 따지는 편이다. ( )

F. 관계형 점수 합계 : (점)

1. 사람들하고 충돌하는 것보다는 협조하고 양보하는 편이다. ( )

2. 내 것을 잘 챙기지 못하는 편이다. ( )

3. 여행을 좋아하고 낙천적인 편이다. ( )

4. 계획을 잘 세우나 마무리가 약한 편이다. ( )

5. 여러 가지 분야에 관심이 많은 편이다. ( )

G. 사고형 점수 합계 : (점)

1. 생각이 많고 자료 수집을 잘한다. ( )

2. 많은 사람 앞에서 발표하는 것이 어색하다. ( )

3. 복잡한 것을 풀어가는 것이 재미있다. ( )

4. 말 보다는 글이나 그림으로 표현하는 것이 좋은 편이다. ( )

5. 약간은 소극적이고 내성적인 편이다. ( )

H. 리더형 점수 합계 : (점)

1. 맡겨진 부분은 책임감이 강하다. ( )

2. 집중력과 추진력이 강한 편이다. ( )

3. 불확실한 행동, 말 하는 사람을 싫어하는 편이다. ( )

4. 남 앞에서 리더로서 활동하기를 좋아한다. ─────────────── ( )

5. 독립적이고 고집이 센 편이고 지기를 싫어하는 편이다. ────── ( )

I. 완벽형 점수 합계 : (점)

1. 일을 진행할 때는 계획을 갖고 하는 편이다. ───────────── ( )

2. 완벽주의 성향을 가지고 있는 편이다. ────────────────── ( )

3. 남이 대충하는 것을 보면 참지 못하고 직접 하는 편이다. ──── ( )

4. 예의 바르고 약속을 잘 지키는 편이다. ──────────────── ( )

5. 실수, 약점을 보이기 싫어하고 속을 잘 표현하지 않는 편이다.

───────────────────────────────────── ( )

J. 열정형 점수 합계 : (점)

1. 활기차고 열정적인 편이다. ──────────────────────── ( )

2. 무대에서 강의나 연주 시 사람이 많으면 많을수록 잘한다. ── ( )

3. 사람들과 대화 시 설득력이 좋은 편이다. ────────────── ( )

4. 모든 것은 직접 부딪쳐서 해야 직성이 풀린다. ──────────── ( )

5. 예체능에 관심이 많고 잘 하는 편이다. ──────────────── ( )

---

1. 주 성향 : 가장 높은 점수

2. 보조 성향: 두 번째 높은 점수

3. 같은 점수가 나올때는 두 성향을 공유하여 가지고 있을 수 있다.

4. 결과 보기 : 부록 참조

FPT체크
(Four propensity test)
(내향/외향/긍정/부정)

〈정말 아니다 1점 / 아니다 2점 / 보통이다 3점 / 그렇다 4점 / 정말 그렇다 5점〉

항 목	점수
1. 새로운 친구 사귀는 것을 좋아한다.	
2. 새로운 사람 만나는 것을 좋아하지 않는다.	
3. 혼자 공부하는 것보다 같이 공부하는 것이 좋다.	
4. 함께 공부하기보다 조용하게 혼자 공부하는 것을 좋아한다.	
5. 발표를 잘하고 토론 시 다른 사람에게 표현하는 것을 좋아한다.	
6. 의사 표현을 할 때 말보다는 글로 하는 것이 편하다.	
7. 활동적인 것을 좋아하고 야외활동을 많이 한다.	
8. 조용한 곳에서 책 읽는 것을 좋아한다.	
9. 새로운 사람과도 대화를 잘하며 적극적이다.	

10. 수줍음을 많이 타고 말수가 적으며 조용하게 이야기 한다.	
11. 파랑색이 좋다.	
12. 어두운 색이 좋다.	
13. 뭔가 하고 있다는 것이 기쁘다.	
14. 왜 사는지 사는 이유를 모르겠다.	
15. 도와주는 일에 가치를 느낀다.	
16. 도와주는 일이 부질없는 것 같다.	
17. 강점을 주로 본다.	
18. 단점(약점)이 주로 보인다.	
19. 칭찬을 주로 한다.	
20. 비판을 주로 한다.	
21. 사람들이 나를 좋아하는 것 같다.	
22. 사람들이 나를 싫어하는 것 같다.	
23. 뭔가 끝까지 하면 될 것 같다.	
24. 뭔가 끝까지 해도 안 될 것 같다.	
25. 조금 틀려도 소신 있게 하려고 한다.	
26. 조금 틀리면 눈치만 보고 포기한다.	
27. 사람들이 사랑스럽다.	
28. 실패할 것을 먼저 생각한다.	
29. 나는 긍정적인 사람인 것 같다.	
30. 나는 부정적인 사람인 것 같다.	

〈 결과표 〉

1	2	3	4	5	6	7	8	9	10
11	12	13	14	15	16	17	18	19	20
21	22	23	24	25	26	27	28	29	30

결과	합 계 (1번 ~ 10번)			홀수 외향	점 %	짝수 내향		점 %
	합 계 (11번 ~ 30번)			홀수 긍정	점 %	짝수 부정		점 %

〈4개의 방을 통해 알아보는 나의 모습〉

위 결과를 토대로 체크해보자.

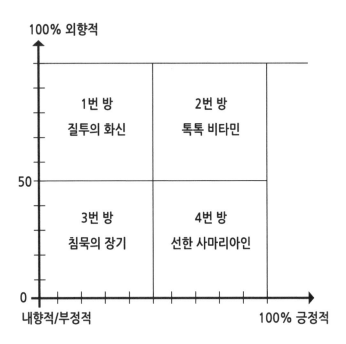

1번 방

- 질투의 화신 : 감정 기복이 심하고 화를 잘내며, 질투가 많고, 공격적일 수 있다.
- 좋은 방향 : 긍정적인 신앙 지수 높이기

2번 방

- 톡톡 비타민 : 남을 도와주고, 활발하고, 어느 장소에서나 많은

사람에게 활력을 줄 수 있다.

●안 좋은 방향 : 부정적인 불신앙 지수가 높아질 때

3번 방

●침묵의 장기 : 친구, 가족들과 같이 어울려 대화하거나 밖에서 활동하기보다는 방안에 혼자 있기를 좋아하며, 소통이 없고, 게임을 많이 하거나 비판적, 비관적인 글과 생각을 많이 할 수 있다.

●좋은 방향 : 긍정적인 신앙 지수 높이기

4번 방

●선한 사마리아인 : 조용하게 내게 주어진 할 일을 하거나, 소리 없이 남을 도와주는 성향으로 봉사를 많이 할 수 있다.

●좋은 방향 : 긍정적 지수를 높이고, 외향적 지수도 약간만 높일 수 있게 하기

말씀하시되 나를 따라오라 내가 너희를
사람을 낚는 어부가 되게 하리라 하시니
그들이 곧 그물을 버려 두고 예수를 따르니라
- 마태복음 4장 19절-20절

삶은 만남이다

사람이 살아가면서 가장 중요한 부분이

만남의 축복을 가지는 것이다.

만남은 선택하지 못하는 부분도 있고 선택하는 만남도 있다.

내가 선택하지 못하는 만남 중

사랑과 따스함이 넘치고 말씨 하나하나에

정이 듬뿍 담겨 있는 부모와 형제자매를

만나는 가족의 만남은 축복 중에 축복인 것 같다.

유아시절 만나는 선생님과

초등, 중등, 고등을 통해 만나는 선생님도 중요하다.

어느 선생님을 만나는가에 나의 인생이 달라질 수 있다.

베드로는 바라고 기다리던 구원자

예수님을 통해 구원받고 천국의 열쇠(마 16:16-19)도

가질 수 있게 되었고,

헬렌 켈러는 설리번 선생님을 통해 3중고의 절망 가운데서

미래의 희망이 생겼다.

누구를 만났는가는 현재 나의 모습이다.

내가 만나고 있는 사람들은 나의 미래의 모습이다.

(1) 나는 누구를 만났는가?

(2) 내가 만난 사람들 중 기억나는 사람은 누구인가?

(3) 내가 만나고 있는 사람들은 누구인가?

(사람들 이름을 적어보고 그중 중요하다고 생각되는 사람, 영향을 많이 주는 사람 5명

만 따로 적어보자)

〈만남 전과 후 축복의 예문〉

(1) 베드로가 만난 예수님

(마태복음 4장 18절-22절/ 마가복음 1장16절-20절/ 누가복음 5장1절-11절/ 요한복음 1장 35절-51절)

●예수님을 만나기 **전** 베드로

"갈릴리 해변에 다니시다가 두 형제 곧 베드로라 하는 시몬과 그의 형제 안드레가 바다에 그물 던지는 것을 보시니 그들은 어부라 말씀하시되 나를 따라오라 내가 너희를 사람을 낚는 어부가 되게 하리라 하시니 그들이 곧 그물을 버려 두고 예수를 따르니라" - 마태복음 4장 18절-20절

●예수님을 만난 **후** 베드로

"시몬 베드로가 대답하여 이르되 주는 그리스도시요 살아 계신 하나님의 아들이시니이다. 예수께서 대답하여 이르시되 바요나 시몬아 네가 복이 있도다 이를 네게 알게 한 이는 혈육이 아니요 하늘에 계신 내 아버지시니라 또 내가 네게 이르노니 너는 베드로라 내가 이 반석 위에 내 교회를 세우리니 음부의 권세가 이기지 못하리라 내가 천국 열쇠를 네게 주리니 네가 땅에서 무엇이든지 매면 하늘에서도 매일 것이요 네가 땅에서 무엇이든지 풀면 하늘에서도 풀리리라 하시고" - 마태복음 16장 16절-19절

(2) 삭개오가 만난 예수님 (누가복음 19:1-10)

● 예수님을 만나기 **전** 삭개오 모습

"예수께서 여리고로 들어가 지나가시더라 삭개오라 이름하는 자가 있으니 세리장이요 또한 부자라" – 누가복음 19장 1절-2절

(라이프 성경사전 : 당시 세리는 로마 정부에 협력하며 자기 부를 축적하기 위해 부당하게 많은 세금을 징수하여 착복했기 때문에 일반인들의 미움과 멸시를 받았다.)

● 예수님을 만난 **후** 삭개오 모습

"삭개오가 서서 주께 여짜오되 주여 보시옵소서 내 소유의 절반을 가난한 자들에게 주겠사오며 만일 누구의 것을 속여 빼앗은 일이 있으면 네 갑절이나 갚겠나이다. 예수께서 이르시되 오늘 구원이 이집에 이르렀으니 이 사람도 아브라함의 자손임이로다." – 누가복음 19장 8절-9절

(3) 빌리 호프가 만난 '틱' 코치(영화 '사우스포'의 포레스트 휘태커)

영화 '사우스포'(southpaw)
〔요약〕 복싱이나 야구에서의 왼손잡이 선수를 지칭
야구에서 일명 좌완투수, 포크핸더라고 한다. 〔출처 : 네이버 지식백과〕

'빌리 호프'는 라이트 헤비급 복싱 세계챔피언으로 43승 0패의 무패 신화적 인물이나 어느 날 한 순간의 실수로 사랑하는 가족을 잃고 매니저와 친구들마저 떠나버리며 삶은 추락하게 된다. 사랑하

는 딸 '레일라'를 양육할 수 없다는 법원의 판결이 난다.

빌리 호프는 '틱'(포레스트 휘태커)을 만나게 되고 이름 없는 체육관에서 아마추어 복서들을 가르치는 은퇴한 복싱 선수 '틱'은 분노로 가득찬 빌리에게 스스로를 보호하는 싸움법과 왼손잡이 펀치, '사우스포'를 가르친다.

빌리는 새롭게 도전하고 우승하여 딸을 되찾고 새로운 인생을 시작한다.

(4) 헬렌 켈러가 만난 앤 설리번 선생님

미국의 작가 겸 사회사업가 헬렌 켈러[Helen Adams Keller]가 1887년 3월 3일 일곱 살이 되기 전에 앤 설리번 선생님과 만난 것은 일생을 통틀어 가장 중요한 일이다.

집 마당의 펌프가에서 헬렌이 드디어 '물(water)'이라는 단어를 이해하게 된 것이었다.
"W A T E R, - 언어의 신비가 그 베일을 벗는 순간이었다."
헬렌 켈러는 앤 설리번 선생님을 만나 언어의 빛을 보게 되었고 많은 사람에게 희망을 이야기하게 되었다.

"복음에는 하나님의 의가 나타나서
믿음으로 믿음에 이르게 하나니 기록된바
오직 의인은 믿음으로 말미암아
살리라 함과 같으니라"
- 로마서 1장 17절

삶은 방향이다

길을 떠나거나 산을 오를 때,

군에서 작전을 나갈 때에는 지도와 나침반이 필요하다.

어느 방향으로 향하고

내가 가는 방향이 맞는지 점검을 해야 한다.

대전에서 서울로 가야 하는데

부산으로 방향을 잡고 가지는 않는지

그렇다면 아무리 가도 서울을 갈 수가 없다.

나의 삶의 나침반 바늘은 어디를 가리키고 있는가?

현재 있는 위치 점검이 필요하다.

(1) 과거 나의 삶의 방향은 어디를 향하고 있었는가?

(2) 현재 나의 삶의 방향인 나침반 바늘의 방향은 어디인가?

● 현재 중요하게 생각하는 것은 무엇인가?

● 나의 가치관은 무엇인가?

(3) 미래 나의 삶의 방향은 어디를 향하고 있는가?

● 나의 삶의 목적은 무엇인가?

● 나의 삶의 나침반은?

※ "주의 말씀은 내 발에 등이요 내 길에 빛이니이다" – 시편 119편 105절

※ 지도를 따라가지 말고 나침반을 따라가라.

"사막의 길은 모래폭풍으로 수시로 생겼다 없어졌다를 반복한다.
우리가 처한 환경도 수시로 변할수 있다.
이때 방황하지말고 나침반과 같은 진리를 통해 나의 갈길을 정하고 걸어야한다."
– '사막을 건너는 여섯가지 방법'에서 발췌(저자: 스티브 도나후/김영사)

"육신을 따르는 자는 육신의 일을,
영을 따르는 자는 영의 일을 생각하나니
육신의 생각은 사망이요
영의 생각은 생명과 평안이니라"
- 로마서 8장 6절

삶은 선택이다

셰익스피어의 고전 희곡 작품 속 햄릿은

"사느냐 죽느냐 그것이 문제로다"라고 말했다.

요즘 햄릿 증후군이라는 용어가 있다.

정보의 홍수시대에 우유부단을 나타내는 말로

"무엇을 선택할 것인가?"를 결정 못하는 증후군이다.

내가 주도적으로 선택하는 것 같아도

대중매체를 보다 보면 선택하지 못하는 것이

의외로 많은 시대에 살고 있다.

그래서 최적의 상품을 선택해 추천하는

큐레이션 서비스가 등장하여 선택을 도와주고 있다.

내가 선택해도 대중의 비슷한 것을

선호하며 선택하는 경우가 많다.

호기심 때문에?

왕따 되기 싫어서?

상황에 따라 무엇인가 선택해야 하는데

나의 선택의 기준은 어디에 두고 있는가?

상황별 선택의 기준점이 필요한 시대이다.

(1) 상황마다 선택의 기준을 정하는 것이 중요하다.

(2) 내가 선택한 것의 기준은 무엇이었는가?

(3) 현재 나에게 중요한 것과 중요하지 않은 것 적어보기

(4) 현재 내가 해야 할 것과 하지 말아야 할 것 적어보기

(5) 좋아하는 것과 잘하는 것 적어보기

(6) 현재 나의 우선순위를 정하자(우선순위 기준 정하기)

〈하나님 말씀에 순종하여 선택한 아브라함과 모세〉

(1) 갈대아 우르를 떠나는 아브라함

히브리인의 선조요 믿음의 조상으로 '존귀한 아버지'란 뜻을 가진 아브라함은 갈대아 우르를 떠나라는 하나님의 말씀을 듣고 머물지, 떠날지 선택할 순간이 왔을때 아브라함은 하나님 말씀에 순종하여 갈대아 우르를 떠나 약속의 땅 가나안으로 이주한 후(창 12:4-9) 하나님과 언약을 맺었다.(창 15:17-18)

(2) 모세의 선택과 이스라엘 백성들의 선택

이집트 왕자 신분에서 살인자로 도망친 모세는 40여 년간 미디암 광야에서 양을 치며 살게 되고 하나님은 모세를 지도자로 세워 애굽 바로로부터 출애굽의 대역사를 진행하신다. 하나님은 모세에게 가라 하신다. 모세는 가야 하는가 가지 말아야 하는가 하는 선택 속에 놓이게 되고 하나님 말씀에 순종하여 애굽을 향해 발걸음을 옮기는 선택을 하게 된다.

(3) 보는 관점의 차이와 선택

12명의 가나안 정탐군(민 13장)

"우리는 그들 보기에 메뚜기와 같다"(민 13:33)

"갈렙이 우리가 곧 올라가서 그 땅을 취하자 능히 이기리라"(민 13:30)

잘못된 선택이 광야에 40년을 머물게 한다.

"오직 주 예수 그리스도로
옷 입고 정욕을 위하여
육신의 일을 도모하지 말라"
- 로마서 13장 14절

삶은 에너지이다

하루는 24시간 공평하게 주어진다.

24시간 중 내가 어느 곳에 나의 에너지를

많이 사용하고 있는가?

불필요하게, 지나치게, 쓸모없는 곳에, 쓸모없는 것에

쓰고 있지는 않은지? 바쁘지만은 않은지?

가끔은 나를 멈추어 세우고

나의 에너지 효율을 체크하고 점검하는 것이 필요하다.

필요한 곳에, 필요한 것에 에너지 효율을 높이자.

(1) 나는 어디에 에너지를 쓰고 있는가?

잠시 멈추어 휴식을 취하며 에너지 효율을 높이자.

에너지를 쓰고 싶은 일 3가지

①

②

③

(2) 나의 삶의 에너지는 어디로 향하고 있는가?

(3) 나의 힘, 나의 열정, 나의 생각의 에너지…

　　나는 무엇을 위해 쓰고 있는가?

(4) 내가 노력하는 것 3가지

①

②

③

"내 이름으로 무엇이든지 내게 구하면
내가 행하리라"
- 요한복음 14장 14절

삶은 희망이다

(꿈을 꾸는 자/ 꿈을 이루어 나가는 자)

사람들은 희망을 가지고 살아간다.

희망이 없다면 하루, 한순간도 숨쉬기가 힘들 것이다.

절망 가운데서도 한 줄기 빛을 발견할 수 있다면

나의 희망의 전구를 밝혀보자.

마틴 루터 목사님이 어두움 가운데서도

희망의 한 줄기 빛을 향해 걸어가신 것처럼

희망의 빛줄기는 절망을 생명으로 이끈다.

(1) 과거에 나는 어떤 희망이 있었는가?

(2) 어떤 꿈을 꾸고 이루어 나가고자 노력 했는가?

(3) 지금 나는 어떤 희망이 있는가?

(4) 지금 내가 가장 중요하게 생각하는 것은 무엇인가?

(5) 지금 꿈을 꾸고 이루어 나가고자 노력 하는 것은 무엇인가?

(6) 내가 꿈을 이루기에 어려움을 겪고 있는 것은 무엇인가?

(7) 나의 장래 기대하는 희망은 무엇인가?

〈노예에서 대통령으로 이끈 희망〉

(1) 마틴 루터 킹 목사의 'I Have a Dream'

미국의 흑인 인권지도자 마틴 루터 킹 목사 'I Have a Dream' (1963년 8월 28일 워싱턴의 링컨 기념관에서 연설) 유명한 연설이다.

마틴 루터 킹 목사는 나에게는 꿈이 있다고 했다.

조지아의 붉은 언덕에서 옛 노예들의 후손과 노예를 부리던 이들의 후손이 우정을 나누면서 한 식탁에서 자리를 함께 할 수 있는 날이 올 것이라는 꿈을 이야기하고 나의 어린 네 아이들이 그들이 지닌 피부색이 아닌 그들이 품고 있는 인격으로 판단되어지는 그런 나라에서 사는 날이 올 것이라는 꿈을 이야기하고 나의 어린 네 아이들이 그들이 지닌 피부색이 아닌 그들이 품고 있는 인격으로 판단되어지는 그런 나라에서 사는 날이 올 것이라는 꿈을 이야기

했다.

모든 하나님의 자녀들, 흑인이건 백인이건, 유대인이건 이방인이
건, 신교도건 구교도건, 모두가 다 같이 손에 손을 잡고 자유를 노
래하는 꿈을 이야기했고 하나님은 그 꿈을 이루어주셨다.

(2) 우리는 사소한 것에 목숨을 건다(리처드 칼슨)

대부분의 사람은 별로 효과적이지 못한 습관에 빠지게 된다. 과민
반응을 보이거나 평정을 잃고 지나치게 긴장하며 삶의 부정적 측
면에서 사소한 것들 때문에 곤란한 상황에 빠졌을 때 짜증을 부리
거나 화를 내고 고민에서 헤어나지 못하고 과민 반응을 일으키고
더 깊은 좌절감에 빠진다.
하나님을 바라보며 말씀에 비추어 무엇이 중요한지를 아는 삶이
중요하다.

"지금까지는 너희가 내 이름으로
아무 것도 구하지 아니하였으나 구하라
그리하면 받으리니 너희 기쁨이 충만하리라"
- 요한복음 16장 24절

"사랑 안에서 가장 귀히 여기며 너희끼리 화목하라"
- 데살로니가전서 5장 13절

"항상 기뻐하라" - 데살로니가전서 5장16절

삶은 행복이다

나는 행복한가?

나와 함께하는 사람은 행복한가?

나의 자녀, 나의 부모님, 내가 하는 공부,

나의 일하는 것, 나의 신앙생활…

행복은 무엇이고

나는 무엇으로 행복할 수 있고

행복한 삶은 어떻게 누릴 수 있는가?

요즘 화제가 되고 있는 드라마가 있는데

최고 의대를 목적으로 치열하게 입시 경쟁을 치르는

학생들과 부모님, 할머니까지 나서서 지원하고 있는

모습을 적나라하게 보여주는 드라마 상황 속을 보면

캐슬이라는 좋은 집에 살고 의사, 법학교수라는 좋은 직업을 가지고

행복하게 살아가는 것 같지만 그 속은

행복이라는 단어를 찾아볼수 없는 것 같다.

그들은 많은 것을 잃어버리고

행복이 무엇인지 알아가기 시작했다.

행복의 기준은 무엇인가?

행복한 삶을 살아가기 위해 무엇으로

행복해질 수 있는가를 생각하는 시간이 필요하다.

(1) 과거 나의 행복한 시간은 어떤 것이 있었는가?

나의 행복하고 좋은 추억은 나를 기쁘게 한다.

(2) 현재 나의 행복한 것은 어떤 것이 있는가?

● 무엇으로 행복한가?

● 현재 나는 행복한가? 아니라면? 어떻게?

(3) 나는 어디서 무엇으로 인해 행복하고 좋은 추억을 만들어야 하는가?

(4) 미래에 나의 행복을 유지하고 누리기 위한 것은 무엇인가?

(5) 인간의 인생의 궁극적 목표는 행복이라고 말하는데 나의 행복은 무엇인가?

세상에서 가장 행복한 사람은 어떤 사람이라고 생각하는가?

6) 행복에 대한 나의 입술의 고백 내용은?

"사람이 마음으로 자기의 길을 계획할지라도
그의 걸음을 인도하시는 이는 여호와시니라"
- 잠언 16장 9절

"예수께서 이르시되 내가 곧 길이요, 진리요, 생명이니
나로 말미암지 않고는 아버지께로 올자가 없느니라"
- 요한복음 14장 6절

삶은 걷는 것이다

태어나는 순간 인생의 걸음은 시작되었다.

정처 없이 걷다 보면, 아무 생각 없이 살다 보면

누군가 만나고 무엇에 도달한다고

막연하게 생각할 수도 있다.

생각만 하다 걷지 않으면

생각은 저만치 갔다 부메랑같이

다시금 제자리로 돌아온다.

안드로포스(헬라어)는 얼굴 들어 위를 쳐다보는 사람,

하나님을 바라보며 걷는 사람,

하나님을 향하여 살아가도록 창조된 존재라는 뜻이다.

하나님께 한 걸음 내딛는 것이 중요하다.

빨리 가려면 혼자 가고

멀리 가려면 같이 가라고 한다.

인생의 먼 길을 누구와 같이 가고 싶은가?

어렸을 때는 부모님이 같이 걸어주고

학생 때는 친구가, 선생님이 같이 걸어주고 살아간다고 한다.

행복한 사람과 같이 걸어가면 힘들고 어려운 길도 한 걸음에

걸을 수 있고, 주님과 동행하며 걸어간다면 순교의 길도 찬양하며

걸을 수 있을 것 같다.

길이 없으면 갈 수 없고,

진리가 없으면 알 수 없고,

생명이 없으면 살 수가 없다.

(1) 나는 어디로 걸어가고 있는가?

2) 나는 누구와 같이 걸어가고 있는가?

　　나의 러닝메이트는 누구인가?

(3) 앞으로 나는 누구와 같이 걸어가야 하는가?

① **한걸음 한걸음 내딛는 용기가 필요하다.**

여호수아의 발걸음 "강하고 담대하라" – 여호수아 1장 1절-9절

② **주와 같이 길가는 것 –430장(개역 찬송가)**

"하나님이 우리에게 주신 것은
두려워하는 마음이 아니요
오직 능력과 사랑과 절제하는 마음이니"
- 디모데후서 1장 7절

"우리의 씨름은 혈과 육을 상대하는 것이 아니요
통치자들과 권세들과 이 어둠의 세상 주관자들과
하늘에 있는 악의 영들을 상대함이라"
- 에베소서 6장 12절
⊕ 디모데전서 6장 11절-12절

삶은 싸우는 것이다

내가 싸우는 상대는 누구이고

왜 싸워야 하는가?

싸워야 되는 이유와 목적을 알아야 승리할 수 있다.

나는 혼자 싸우는가?

싸우기 위해 필요한 장비와 준비물은 무엇인가?

무엇으로 어떻게 싸우는지가 중요하다.

다윗은 골리앗과 싸울 때 하나님의 이름으로

물맷돌을 들고 싸워 이겼다.

자신과 싸우기 위해서는 말씀의 조명이 필요하고

세상과 싸우기 위해서는

하나님의 전신 갑주가 필요하지 않을까?

(1) 내가 싸워나가야 할 것은 무엇인가? 3가지 적어보기

　　①

　　②

　　③

(2) 내가 싸우는 대상은 무엇이고 누구인가? 3가지 적어보기

　　①

　　②

　　③

(3) 내가 두려워하는 것은 무엇인가?

2편

예수님을 통해
나를 조명해보기

I LOVE(=JESUS) YOU

예수께서 이르시되
내가 길이요 진리요 생명이니
나로 말미암지 않고는
아버지께로 올자가 없느니라
요한복음 14장 6절

"내가 산을 향하여 눈을 들리라
나의 도움이 어디서 올까
나의 도움은 천지를 지으신
여호와에게서로다"
- 시편 121편 1절-2절

삶은 바라보는 것이다

무엇이 나의 시선을 고정시키는가?

방안에서는 방의 물건이 보이고

거리에 나가면 거리의 건물, 차 등이 보이고

산의 정상에 서면 멀리 바다가 보이고

산봉우리들이 넓게 펼쳐져 보인다.

지도를 펼치고 보면 온 세계가 보이고

성경을 펼치고 보면 하나님 나라가

예수님의 사랑이

성령님 동행하심이 보인다.

오늘 나는 무엇을 바라보고

살아야 하는가?

(1) 나의 시선은 어디를 향하고 있는가?

(2) 나의 시선은 예수님께 고정되어 있는가?

(3) 아침에 눈을 뜨고 바라보는 것은 무엇인가?

- 내무반

- 근무/훈련/사무실

- 교회에서

- 기타 장소

"여호와(하나님)은 내편이시라
내가 두려워하지 아니하리니
사람이 내게 어찌할까"
- 시편 118편 6절

삶은 고백이다

나는 매일 아침 기도를 한다.

나는 매일 아침 성경을 통해

나의 모습을 비추어 보고

사랑을 고백한다.

사랑하는 여인을 앞에 두고

사랑을 고백하듯

주님과 사랑의 입맞춤이 필요한 아침을 맞이한다.

오늘 나는 누구에게 무슨 고백을 하는가?

(1) 과거 나의 삶의 고백은? (내용, 대상)

(2) 현재 부모님께 드리는 나의 고백은?

(3) 현재 예수님께 드리는 나의 고백은?

베드로의 고백

"시몬 베드로가 대답하여 이르되
주는 그리스도시요 살아 계신 하나님의 아들이시니이다."
- 마태복음 16장 16절

"너희 몸을 하나님이 기뻐하시는 거룩한 산 제물로 드리라
이는 너희가 드릴 영적 예배니라" - 로마서 12장 1절

"하나님은 영이시니 예배하는 자가 영과 진리로 예배할지니라"
-요한복음 4장 24절

⊕ 열왕기상 3장 3절-4절

삶은 예배이다

예배는 나의 것을 내려놓고

예배를 받으시는 분에게 회개와 순종의

제사를 드리는 것이다.

나의 예배가 주일 하루 한 시간 예배

반복적이고, 형식적이며 습관적인 예배로 드려질 수 있다.

내가 주체되어, 내가 주인되어 내 입맛에 맞게

각색하여 잘못된 예배를 드리고 있지는 않은지?

매일매일 삶의 예배는 어떻게 드리는게 옳은지?

삶의 아름다운 예배를 위하여

(1) 과거 나는 어떤 예배를 드리고 있었는가?

● 나의 예배는 누구에게/ 누구와 어떻게 드렸는가?

(2) 현재 나는 어떤 예배를 드리고 있는가?

(3) 현재 예배를 준비하는 마음가짐과 준비할 것은 무엇인가?

(4) 예배의 태도와 예배를 통해 얻는 것은 무엇인가?

(5) 형식적 예배를 드리고 있는가? 영과 진리로 예배를 드리는가?

(6) 현재 나는 예배에 만족하고 감동과 기쁨의 예배를 드리고 있는가?

(7) 나는 매일매일 삶속에서 어떤 예배를 드리기 원하는가?

"믿음으로 아벨은 가인보다 더 나은 제사를 하나님께 드림으로
의로운 자라 하시는 증거를 얻었으니
하나님이 그 예물에 대하여 증언하심이라
그가 죽었으나 그 믿음으로써 지금도 말하느니라"
- 히브리서 11장 4절

"내 영혼아 여호와(하나님)를 송축하라 내 속에 있는 것들아 다
그의 거룩한 이름을 송축하라"-시편 103편 1절

"하나님이여 내 마음을 정하였사오니 내가 노래하며 나의
마음을 다하여 찬양하리로다"- 시편 108편 1절

삶은 찬양이다

찬양은 잘하는데, 목소리는 좋은데, 표정이 없는,

감정이 없는 분들의 노래를 들으면 은혜가 안된다.

감정없고 은혜없는 목소리는 마네킹이나 AI로봇이 부르는 것과 같다.

좋은 은사에 은혜가 덧입혀진다면 얼마나 좋을까?

박자가 틀려도 기쁨에 가득찬 찬양은

은혜가 가득가득 흘러넘쳐 기쁨의 찬양으로 올려진다.

찬양은 대중가요처럼 나의 목소리를 뽐내려 하는 게 아니다.

나의 찬양이 주께 열납되기를 간절히 바라는 마음으로

부르는 것이다.

나의 입에서 불려지는 노래는 아름다운 목소리만의 노래인가?

기쁨이 가득한 찬양인가?

나의 삶속에 그분께 드려지는, 그분이 받으시는

찬양을 드리고 싶다.

(1) 과거 내가 잘 부르던 찬양은?

(2) 내가 좋아했던 찬양은? 기억에 남는 찬양은?

(3) 현재 내가 좋아하거나 잘 부르는 찬양은?

(4) 나의 찬양하는 마음과 모습은?

(5) 현재 나의 입에서 흥얼거리며 나의 위로와 기쁨이 되는 찬양은?

(6) 나의 삶의 주제 찬양은?

〈춤추며 찬양하는 다윗의 찬양을 상상해 보자.〉

시편에 나오는 10가지 찬양의 모습

01. 노래로 하는 찬양 – 시편 104편 33절

02. 말로 고백하는 찬양 – 시편 145편 21절

03. 외침으로 하는 찬양 – 시편 32편 11절

04. 손을 들고 하는 찬양 – 시편 143편 6절

05. 악기로 하는 찬양 – 시편150편 3절

06. 손뼉을 치는 찬양 – 시편 47편 1절

07. 서서하는 찬양 – 시편 135편 1절

08. 무릎 꿇고 엎드리는 찬양 – 시편 95편 6절

09. 춤추는 찬양 – 시편 149편 3절

10. 묵상하는 찬양 – 104편 33절

(경건생활 365일 중에서)

"다윗이 여호와(하나님) 앞에서 힘을 다하여 춤을 추는데
그때에 다윗이 베 에봇을 입었더라
다윗과 온 이스라엘 족속이 즐거이 환호하며
나팔을 불고 여호와의 궤를 메어오니라"
– 사무엘하 6장 14절-15절

"여호와(하나님)를 경외하는 도는 정결하여 영원까지 이르고
여호와(하나님)의 법도 진실하여 다 의로우니
금 곧 많은 순금보다 더 사모할 것이며
꿀과 송이꿀보다 더 달도다" - 시편 19편 9절-10절

"모든 성경은 하나님의 감동으로 된 것으로 교훈과 책망과 바르게 함과
의로 교육하기에 유익하니" - 디모데후서 3장 16절

삶은 말씀이다

말씀은 살아 운동력이 있고(히브리서 4장 12절),

말씀은 살아 능력이 있어

우리의 삶도 말씀 가운데 거하면 생동감이 있고

말씀의 능력이 나타나는 삶 속에 살 수 있다.

기적의 삶을 매일 느끼며 감사할 수 있다.

하루를 돌아보고, 한 해를 돌아보아도

감사한 것뿐이다. 기적의 연속이다.

하나님을 아는 지식, 지혜가 있는

말씀 속에 머물고, 말씀을 들고 걸어가는 삶,

하나님을 힘써 아는 삶이(호세아 6장 3절)

승리의 삶이 아닐까?

(1) 현재 내가 사모하고 암송하는 성경 말씀은?

(2) 현재 나의 중심에서 역동하는 말씀은?

(3) 말씀 카드 만들기(부록) 내게 주어진 말씀을 붙잡고 Go Go

(4) 하나님을 알아가기에 할 수 있는 것은?

오라 우리가 굽혀 경배하며 "우리를 지으신 여호와 앞에 무릎을 꿇자"
- 시편 95편 6절

"그러므로 우리가 여호와를 알자 힘써 여호와를 알자"
- 호세아 6장 3절

"영생은 곧 유일하신 참 하나님과 그가 보내신자
예수 그리스도를 아는 것이니이다." - 요한복음 17장 3절

"너희가 내 안에 거하고 내 말이 너희 안에 거하면
무엇이든지 원하는 대로 구하라 그리하면 이루리라"
- 요한복음 15장 7절

"구하라 그리하면 너희에게 주실 것이요
찾으라 그리하면 찾아낼 것이요
문을 두드리라 그리하면 너희에게 열릴 것이니" - 마
태복음 7장 7절

"그러므로 너희는 이렇게 기도하라
하늘에 계신 우리 아버지여 이름이 거룩히 여김을 받
으시오며 나라가 임하시오며 뜻이 하늘에서 이루어진
것 같이 땅에서도 이루어지이다 오늘 우리에게 일용
할 양식을 주시옵고 우리가 우리에게 죄 지은 자를 사
하여 준 것 같이 우리 죄를 사하여 주시옵고 우리를 시
험에 들게 하지 마시옵고 다만 악에서 구하시옵소서
(나라와 권세와 영광이 아버지께 영원히 있사옵나
이다 아멘"
- 마태복음 6장 9절-13절

삶은 기도이다

쉬지말고 기도하라! / 쉬지말고 기도하라! / 쉬지말고 기도하라!

기도는 호흡이라고 하지만 나는 호흡을 멈춘 적이 많이 있다.

나는 X-Ray를 찍으면 폐에 흉터가 남아있다.
어렸을 때 폐결핵으로 죽을뻔하다가 살아났다.
어머님의 기도를 하나님께서 들어주셨다.

조지 뮬러는 5만 번 이상 기도의 응답을 받았다고 하는데
정확하게 세어보지는 않았지만 나의 기도 응답도
천 번 이상은 되는 것 같다.

질그릇 같은 나를 사랑하시는 하나님의 은혜이다.
창세기에 나오는 에녹이라는 사람이 부럽고 닮고 싶다.
에녹은 하나님과 동행하며 어떤 기도를 드리고 대화를 했을까?

(1) 오늘 나의 기도 제목은?

(2) 한 주간 나의 기도 제목은?

(3) 한 달간 나의 기도 제목은?

(4) 삶의 나의 기도 제목은?

(5) 과거 기도 응답 받은 것은?

(6) 현재 나는 어떤 기도를 드리고 있는가?

(7) 나의 정해진 기도 시간은 있는가? 나의 기도 장소는 있는가?

① 조지 뮬러의 기도(5만 번 응답받은 기도)

"무엇이든지 기도하고 구하는 것은 받은 줄로 믿으라 그리하면 너희에게 그 대로 되리라" - 마가복음 11:24

1, 나를 구원하는 것은 하나님의 뜻이라 하며 의심을 품지 말라

2, 자신의 이름으로 기도하지말고 주예수의 공로에만 힘입어 기도 하라

3, 내 기도에 응답해 주실 것을 확신하라

4, 아무리 작은죄라도 결코좌시 하지 않게하라

5, 앞으로도 하나님께서 응답해 주시기까지 계속 기도하라고 말하 고 있습니다.

- 「조지 뮬러의 기도 5개 원리」에서

② 영화 '워 룸' (기도의 방)

부부의 갈등을 기도로 극복한다는 내용의 선교 영화이다.

우리는 기도의 방이 필요하다.

"여호와(하나님)는 나의 목자시니 내게 부족함이 없으리로다
그가 나를 푸른 풀밭에 누이시며 쉴만한 물가로 인도하시는도다
내 영혼을 소생시키시고 자기 이름을 위하여
의의 길로 인도하시는도다
내가 사망의 음침한 골짜기로 다닐지라도
해를 두려워하지 않을 것은
주께서 나와 함께 하심이라
주의 지팡이와 막대기가 나를 안위하시나이다
주께서 내 원수의 목전에서 내게 상을 차려 주시고
기름을 내 머리에 부으셨으니 내 잔이 넘치나이다
내 평생에 선하심과 인자하심이 반드시 나를 따르리니
내가 여호와의 집에 영원히 살리로다"
- 시편 23편 1절-6절

삶은 감사의 연속이다

- 감사를 심자

계심에 감사

주심에 감사

함께 하심에 감사

이끌어 주심에 감사

밀어주심에 감사

지켜보아 주심에 감사

살아계심에 감사

내안에 계심에 감사

사랑해주심에 감사

사랑받음에 감사

친구이심에 감사

자녀삼아 주심에 감사

영생주심에 감사

오늘도 감사할 수 있음에 감사

하루를 감사로 시작하자

잠에서 깨어 눈을 뜨기전 하나님께 감사를 드리자

(머리부터 발끝까지 만져보며 감사해보자)

(1) 나의 감사는 어떤 것이 있는가?

나의 현 상황에서 감사를 적어보기(각 3가지 적어보기)

- **가족**

  ①

  ②

  ③

- **학교**

  ①

  ②

  ③

- **친구**

  ①

  ②

  ③

- ●교회

    ①

    ②

    ③

- ●생활

    ①

    ②

    ③

(2) 감사편지를 쓰자 (부록)

"우리는 구원받은 자들에게나 망하는 자들에게나
하나님 앞에서 그리스도의 향기니 이 사람에게는
사망으로부터 사망에 이르는 냄새요
저 사람에게는 생명으로부터 생명에 이르는 냄새라
누가 이 일을 감당하리요"
- 고린도후서 2장 15절-16절

"오직 성령의 열매는
사랑과 희락과 화평과 오래 참음과 자비와
양선과 충성과 온유와 절제니
이같은 것을 금지할 법이 없느니라"
- 갈라디아서 5장 22절-23절

삶은 향기이다

동물은 동물 냄새가 나고, 사람은 사람 냄새가 난다.

벌은 향기 나는 꽃에 앉아 꿀을 빨고 채취하지만

파리는 냄새나는 악취속에서 터전을 잡고 존재한다.

천사는 선한 향기를 뿜어내도록 인도하고 안내하지만

마귀는 악취나는 냄새를 뿜어내도록 안내한다.

"향기와 악취를 똑같다"라고 말하는 사람은 없을 것이다.

나의 말은 향기를 뿜어내는 말인가? 독설을 뿜어내는 말인가?

나는 나의 삶 속에서 향기를 뿜어내는 사람인가?

나는 나의 삶 속에서 악취를 뿜어내는 사람인가?

(1) 향기로 풍어나는 삶

● 내가 생각하는 향기 종류는 어떤 것이 있는가?

(사랑의 향기, 봉사의 향기, 섬김의 향기…)

● 나의 삶의 향기는?

● 내가 하는 말의 향기는?

● 내가 생각하는 악취 종류는?

● 나에게 나는 악취는?

(2) 나에게 어떤 향기가 나기를 원하는가?

〈나는 어떤 향기를 품어내고 있는가?〉

● 조향사: 여러 향료를 섞어 새로운 향을 만들거나 제품에 향을 덧입히는 '향 전문가'다(네이버 직업의 세계에서 발췌).

● 그리스도인 : 그리스도에 속한 사람/ 믿고 구주로 고백한 자/ 그리스도를 따르는 사람/ 예수님의 제자/ 기독교인,성도, 하나님의 백성 - 교회용어사전

"참 빛 곧 세상에 와서 각 사람에게 비추는 빛이 있었나니"
- 요한복음 1장 9절

"내가 세상에 있는 동안에는 세상의 빛이로라"
- 요한복음 9장 5절

"밤이 깊고 낮이 가까웠으니 그러므로 우리가 어둠의 일을 벗고 빛의 갑옷을 입자"
- 로마서 13장 12절

삶은 빛이다

깊은 바닷속에서 사는 생물의 모습은 특이하고 독특하다.

빛을 보며 사는 물고기는 형용하기 어려운 색색의

아름다운 색을 가지고 있다.

꽃들도 빛을 받으며 곱고 아름다운 색을 만들어 낸다.

새벽의 찬 공기 속에서 어두운 바다를 응시하다

붉게 타오르는 태양을 보면 사람들은 추위도 잊고 환호를 외친다.

태양이 떠오르며 바다는 빛의 길이 형성되고 사람들의 마음까지도 환하

게 비춘다. 사람들은 태양을 보고 소원을 빌기도 한다.

우리는 이 빛을 말씀으로 만드시고

말씀이 육신이 되어 빛으로 오신 분을 알고 있다.(요한복음 1장 1절-4절)

태양을 오래 쳐다보고 있으면 눈이 멀지만

그분을 믿고 영접하면, 우리 안에 태양의 빛보다

더 밝고 환하며, 뜨거운 생명의 빛이 생긴다.

〈빛으로 나타나는 삶〉

(1) 나의 삶으로 나타나는 빛은?

(2) 아직 어두움에 있다면 원인은?

(3) 나의 빛은 어디에서 와서 어디에 비추어지고 있는가?

"내가 여호와(하나님)께 아뢰되 주는 나의 주님 이시오니
주 밖에는 나의 복이 없다 하였나이다"- 시편 16편 2절

"믿음은 바라는 것들의 실상이요 보이지 않는 것들의 증거니
선진들이 이로써 증거를 얻었느니라
믿음으로 모든 세계가 하나님의 말씀으로 지어진 줄을 우리가 아나니
보이는 것은 나타난 것으로 말미암아 된 것이 아니니라
믿음으로 아벨은 가인보다 더 나은 제사를 하나님께 드림으로
의로운 자라 하시는 증거를 얻었으니
하나님이 그 예물에 대하여 증언하심이라 그가 죽었으나..."
- 히브리서 11장 1절-40절

삶은 믿음의 간증이다

히브리서 11장을 읽다보면

믿음으로,

믿음으로,

믿음으로 축복받은 내용이 반복된다.

나도 이들의 믿음을 본받아 축복받고 싶다.

믿음은, 믿는다는 것은, 신뢰와 순종이 뒤따른다.

보이지 않아도, 이루어지지 않을 것 같아도

순수한 어린아이같이 믿는 믿음이 필요하다.

그분은 나의 친구요, 구원자이시기 때문에

그분을 믿는 믿음이 필요하다.

(1) 나는 예수그리스도를 믿는가?

(2) 나의 삶의 믿음의 간증은?

(3) 믿음의 인물 중 닮고 싶은 사람은?

"오호라 나는 곤고한 사람이로다
이 사망의 몸에서 누가 나를 건져내랴" - 로마서 7장 24절

"이는 그리스도 예수 안에 있는 생명의 성령의 법이
죄와 사망의 법에서 너를 해방하였음이라" - 로마서 8장 2절

"육신의 생각은 사망이요 영의 생각은 생명과 평안이니라"
- 로마서 8장 6절

삶은 죽음이다

요즘은 웰다잉(Well-Dying)이 이슈가 되고 있으며,

여러 가지 프로그램도 진행되고 있다.

"밀알이 땅에 떨어져 죽어야 싹이 피고 자라나 많은 열매를 맺는다."

– 요한복음 12장 24절

2,000여 년 전 이 땅에 오신 그분은 채찍을 맞으시고,

가시 면류관을 쓰시고, 손과 발에 못 박히시고,

옆구리는 창에 찔려 물과 피를 다 쏟아내시고,

참혹한 십자가에 매달려 죽으셨다.

우리의 죄를 사하시기 위하여

양화진에 가면 이 땅 대한민국에 젊은 나이로 와서

복음의 씨앗을 뿌린 이들이 있다.

그들의 순교는 이 땅에 약 1,000만이라는

기독교인이 있게 했다.

이 땅 많은 사람이 그들의 복음을 듣고, 받아들이고,

이를 가슴에 담아 먼 타국 미지의 세계에서 그들의 모습이 되어

한 알의 밀알이 되어 씨를 뿌리고 있다.

나는 예수님 안에서 죽어야 하는데 가진 것을

포기하지 못하고 있지는 않은가?

신약성경에서 시간을 나타내는 크로노스

(헬라어: 누구에게나 주어진 객관적인 시간, 1년은 365일 8,760시간이다. 하루 24시간은

1,440분이다.)와 카이로스(헬라어: 하나님과의 관계 속에서 나에게 허락된 운명을 바꿀수

있는 특별한시간)가 있다.

부활하신 영광의 예수님을 바라보며 나를 바꿀 수 있는, 죽을 수 있는 믿

음과 용기를 달라고 기도하자.

채찍 맞은 그 자리
찢기고 뜯긴 살점마다
걸음걸음 흘리는 핏방울
십자가 그 무게
나의 죄 우리 죄를
짊어지신 십자가
천근만근 죄 무게
가시면류관 조롱 무게
흘러내리는 조롱 핏방울

손과 발 못 불신 고통 무게
못 박아라 뼛속 뚫는 외침 소리

옆구리 찬 사랑포기 아픔 무게
궁창에서 쏟아지는 물과 피

어린 양 나의 주님
사랑의 왕 나의 구주

사순절 이 새벽
무릎 꿇고 기도하며
찬양하며 주님께 나아갑니다.

(1) 내가 버려야할 것은 무엇인가? (잘못된 습관 외)

   ①

   ②

   ③

   ④

   ⑤

(2) 내가 죽여야 할 것은? (5가지 적어보기 : 질투, 화냄…)

(3) 내 묘비에 쓰일 묘비명은?

(4) 내가 죽기까지 지켜야 할 것은?

(5) 예수님과 선교사들이 주는 죽음의 의미는?

3편

이웃을 통해
나를 조명해보기

I LOVE[=JESUS] YOU

"오직 성령이 너희에게 임하시면
너희가 권능을 받고 예루살렘과
온 유대와 사마리아와 땅끝까지 이르러
내 증인이 되리라 하시니라"
사도행전 1장 8절

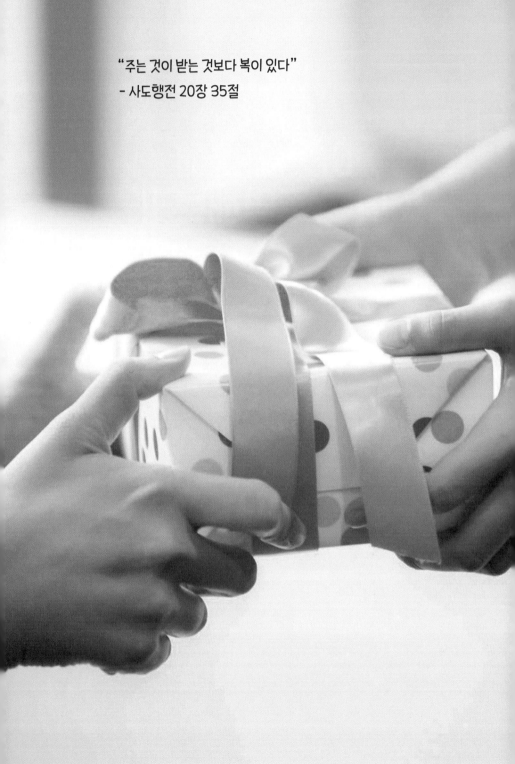

"주는 것이 받는 것보다 복이 있다"
- 사도행전 20장 35절

삶은 나누는 것이다

나는 사랑이 없음을 고백하고 고민한 적이 있다.

한 사람을 인간적으로 사랑하기도 힘든데

그의 영혼을 사랑한다는 것은 더욱더 어려운 것이었다.

한 영혼을 천하보다 귀하게 여기시는 분이 있다.

물질이 세상을 지배하는 이 시대에

천하보다 귀한 사랑을 나누는 것이 쉽지 않다.

내가 가지고 있는 실력과 재능, 물질 등 모든 것은

작은 기름병과 같고, 과부의 두 렙돈과 같다.

작은 기름병이라도 믿음으로 나눌 때

끊길 듯 하나 끊기지 않고,

오병이어의 작은 물질도

축복 속에서 남자만 5,000명이 먹고,

12광주리가 남는 기적이 일어남을 알 수 있다.

군 선교 현장에서 이와 같은 기적을 경험하고 있다.

나와 같이 사역하시는 분들도

이런 고백을 하는 것을 종종 듣는다.

나는 그분의 나누는 도구일 뿐 공급은 그분이 하신다.

사랑이 끊이지 않는 기름병이고 싶다.

논산훈련소 마치는 날 아들과 아내

(1) 내가 가진 것은 무엇이고 무엇을 누구에게 나눌 수 있는가?

(2) 내가 도와주는 사람들은 누구인가?

(3) 내가 도움을 주는 것은 무엇인가?

(4) 나를 도와주는 사람들은 누구인가?

(5) 무엇을 도움받고 있는가?

"사랑하는 자들아
너희는 너희의 지극히 거룩한 믿음 위에 자신을 세우며
성령으로 기도하며 하나님의 사랑 안에서
자신을 지키며 영생에 이르도록
우리 주 예수 그리스도의 긍휼을 기다리라"
- 유다서 1장 20절-21절

"그런즉 믿음, 소망, 사랑, 이 세 가지는 항상 있을 것인데
그 중의 제일은 사랑이라"
- 고린도전서 13장 13절

삶은 용서하는 것이다

누구를 미워하고 질투하고 시기하는 생각과 마음을 가지기는

쉬워도 누구를 용서하는 생각과 사랑하는 마음을 가지기는 쉽지 않다.

그가 나의 가족, 형제라도 쉽지는 않을 것이다.

돌아온 탕자를 그리워하며, 그가 돌아왔을 때 새 옷과 반지와

송아지를 잡아 잔치를 열어주는 아들을 용서하고 사랑하는

아버지와 그가 돌아옴으로 화가 나서 아버지에게 불평하는

형의 모습을 보더라도 미움이 용서로 바뀌는 것은 쉽지 않음을 볼 수

있다.

내가 용서하고 싶은 사람이 있는가? 나에게 사랑이 있은가?

내가 용서받고 싶은 사람이 있는가? 나를 사랑해주는 사람이 있는가?

예수님은 용서에 대해서 베드로에게 일곱 번을 일흔 번까지도 용서하라

고 하신다. – 마태복음 18장 22절

한 번도 하기 쉽지 않지만 우리는 예수님의 말씀을 따라

용서하며, 사랑하며 살아야 하겠다.

(1) 내가 생각하는 용서는 어디까지인가?

(2) 예수님이 베드로에게 말씀하신 용서에 대해서 나는 어떻게 생
각하는가?(마태복음 18장 22절)

(3) 용서하고 싶은 사람이 있는가? 사랑하는 마음은 있는가?

(4) 내가 용서받고 싶은 사람이 있는가? 나를 사랑해주는 사람은
있는가?

"오직 하나님이 성령으로 이것을 우리에게 보이셨으니
성령은 모든 것 곧 하나님의 깊은 것까지도 통달 하시느니라"
- 고린도전서 2장 10절

삶은 공감이다

살다 보면 '공감한다'라는 단어가

그리워질 때가 있다.

나의 생각과 말과 행동에 공감해주는 사람

'내 아이를 위한 사랑의 기술'이라는 책(존 가트맨 저)에서

감정코치라는 말이 등장한다.

부모와 자녀 관계에서

감정 대처하는 방법을 이야기하고 있다.

부모와 자녀뿐만 아니라 부부간, 나와 다른 사람의

관계에서도 감정 대처하는 방법, 공감하는 방법이 중요하다.

'가정은 우리가 맨 처음 감정을 학습하는 배움터'라고

'EQ 감성지능'의 저자 다니엘 골먼은 이야기하고 있다.

성령님은 우리가 슬플때나 외로울 때 우리를 위로하시고

우리의 눈물을 보시고 같이 슬퍼하신다.

하나님의 깊은 것까지도 통달하시는 성령님께서(고린도전서 2장 10절)

나의 깊은 곳까지 만져주시는 삶, 나는 그 삶을 통해

나의 가족, 이웃, 친구, 동료들을 공감할 수 있을 것이다.

(1) 공감이란 무엇인가?

(2) 나는 공감을 잘 하는 사람인가?

(3) 가족, 친구, 이웃, 동료들에게 공감하지 못한 것은 무엇인가?

(4) 어떻게 해야 공감하는 삶을 살 수 있는가?

"저녁 잡수시던 자리에서 일어나
겉옷을 벗고 수건을 가져다가 허리에 두르시고
이에 대야에 물을 떠서 제자들의 발을 씻으시고
그 두르신 수건으로 닦기를 시작하여"
- 요한복음 13장 4절-5절

"너희 중에는 그렇지 않을지니
너희 중에 누구든지 크고자 하는 자는
너희를 섬기는 자가 되고
너희 중에 누구든지 으뜸이 되고자 하는 자는
모든 사람의 종이 되어야 하리라
인자가 온 것은 섬김을 받으려 함이 아니라
도리어 섬기려 하고 자기 목숨을
많은 사람의 대속물로 주려 함이니라"
- 마가복음 10장 43절-45절

삶은 섬기는 것이다

새로운 신병이 오면 손수 발을 씻겨주면서

기도를 해주시는 부대의 대대장님이 계셨다.

부모님을 위해 발을 씻겨드린 경험이 있는가?

없다면 오늘 저녁 해보자!

만왕의 왕께서 말씀이 육신이 되어 오시고

만왕의 왕께서 손수 제자들의 발을 씻기시고

만왕의 왕께서 나의 죄를 씻기시고

만왕의 왕께서 나를 위해 십자가에 달려 돌아가셨다.

우리는 높아만 지려고 하는데

우리는 많이 가지려고만 하는데

우리는 내 욕심만 가득 채우려 하는데

우리의 섬김의 대상 만왕의 왕께서 우리를 섬겨주셨다.

(1) 나는 예수님같이 섬길 수 있는가?

(2) 내가 섬길 수 있는 대상과 방법은?

(예수님, 목사님, 가족, 친구…)

"나의 반석이시오
나의 구속자이신 여호와(하나님)여
내 입의 말과 마음의 묵상이
주님 앞에 열납되기를 원하나이다."
- 시편 19편 14절

삶은 대화이다

우리는 점점 말의 대화보다는 카톡, 이메일 등 SNS를 통해 대화를 하고 있다. 가족 간에도, 친구들이 모인 자리에서도 대화가 점점 사라지고 있다.

우리는 기도를 대화라고도 이야기한다.

쉬지 말고 기도하라는 하나님의 뜻을 따르지 않고

하나님과의 대화도 끊기고 있지는 않은지…

옳고 그름을 따지기보다는 일방적인 이야기보다는

서로의 생각을 나누며, 서로의 이야기를 들어주는

시대가 그리워지고 있지는 않은지…

부모님과, 친구들과 하나님과 대화가 이어지지 않는다면

다시 시작해보는 시도도 중요하다고 할 수 있다.

어떤 대화를 어떻게 해야 할지?

(1) 나의 대화 상대는 누구인가?

(2) 나의 대화 방법은 무엇이고 편한 방식은 무엇인가?

(3) 이대로 좋은가? 아니면 변화가 필요한가?

(4) 대화다운 대화를 하려면 어떻게 해야 하는지?

"여호와(하나님)께서 그들 앞에서 가시며
낮에는 구름 기둥으로 그들의 길을 인도하시고
밤에는 불 기둥을 그들에게 비추사
낮이나 밤이나 진행하게 하시니
낮에는 구름 기둥, 밤에는 불 기둥이
백성 앞에서 떠나지 아니하니라"
- 출애굽기 13장 21절-22절

삶은 머무르는 것이다

영국의 청교도들이 1620년 메이플라워호를 타고
미지의 신대륙 미국에 정착하여 세계에서 가장 강하고
주목받는, 축복된 나라가 되었다.

삶은 정착할 곳이 필요하다.

삶은 배움의 장소도 필요하다.

삶은 일할 곳도 필요하다.

삶은 쉴 공간도 필요하다.

삶은 예배 공간이 필요하다.

삶은 기도의 공간이 필요하다.

여행하다 돌아오면 집이 제일 편안함을 느낄 수 있다.

피곤을 풀고 곤히 잠을 잘 수 있는 곳

우리가 탕자같이 방황하다 돌아오면

나를 포근하게 품어주시고 사랑의 입맞춤을 해주시는
그분이 있는 공간에서 나는 영혼의 안식을 취할 수 있다.

비록 광야일지라도 하나님께서 낮이나 밤이나
우리를 떠나지 아니하시고 구름 기둥과 불 기둥으로
지켜주시는 그곳은 우리가 머무는 안전한 곳이다.

내가 머무르는 공간은 어떤 곳인가?
인생의 나그네 길을 같이 머무르는 사람들도 소중하다.

(1) 나는 어디에 머무르고 있는가?

(2) 내가 주로 있는 장소는?

(3) 머무르고 싶은 장소는?

(4) 누구와 머무르고 살고 있는가?

(5) 누구와 머무르고 살고 싶은가?

(6) 머무르며 무엇을 하고 싶은가?

"오직 너는 스스로 삼가며 네 마음을 힘써 지키라" - 신명기 4장 1절

"다만 이뿐 아니라 우리가 환난 중에도 즐거워하나니
이는 환난은 인내를, 인내는 연단을, 연단은 소망을 이루는 줄 앎이로다"
 - 로마서 5장 3절-4절

"너는 그리스도 예수의 좋은 병사로 나와 함께 고난을 받으라"
 - 디모데후서 2장 3절

삶은 인내이다

하워드 가드너의 다중지능(MI:Multiple Intelligence)에 등장하는 8가지 지능 중 자기이해지능(자기성찰지능)이 중요한 부분으로 강조되고 있다.

나를 성찰하고 다지는 지능, 성공한 사람들이 가지고 있는 지능 중에서 가장 많이 자리잡고 있는 부분이기 때문이다.

표준 국어 대사전에서는 인내를

'괴로움이나 어려움을 참고 견딤'이라고 이야기한다.

성경에서는 "인내는 연단을, 연단은 소망을 이루는 줄 앎이로다(로마서 5장 4절)라고 이야기 한다.

우리의 삶 속에서 신앙적으로 어려움을 인내하여 소망의 열매를 맺자.

(1) 가족을 위해 내가 참고 인내해야하는 것은?

(2) 이웃을 위해 내가 참고 인내해야하는 것은?

(3) 내가 인내하기 힘든 것은?

(4) 인내하기 힘든 것은 어떻게 해야 하는가?

"그리스도 예수의 사람들은 육체와 함께
그 정욕과 탐심을 십자가에 못 박았느니라"
- 갈라디아서 5장 24절

삶은 버리는 것이다

필요 없이 오래된 것, 사용하지 않는 물건, 습관을 버리는 것

잘못된 것을 바로 잡는 것은 쉽지 않다.

제티슨(jettison)의 뜻은 '버리다'라는 말이다.

1. (이동 중인 항공기, 선박이 무게를 줄이기 위해 무엇을) 버리다

2. (필요 없는 것을) 버리다

3. (생각, 믿음, 계획 등을) 버리다 (출처: 네이버 어학사전)

잘못된 습관과 행동, 생각은 내 의지로 변화하기가 쉽지 않다.

오죽했으면 세 살 버릇 여든까지 간다고 하는 속담이 있는가

좋은 습관의 중요함을 알려주는 속담이라고 볼 수 있다.

요즘은 방안에서 담배를 피는 분들이 거의 없다고

볼 수도 있지만 옛날 어른들은 방안에서 거의 담배를 피고

자녀들에게 재떨이를 가져오라고 많이 하셨다.

지금은 담배를 피지 않으시지만 나의 아버지도 담배를 피셨다.

그러나 방에서 담배를 피지 않으시고 아이들을 위해

밖에 나가서 마당에서 피고 들어오시는 모습을 보곤 했다.

담배를 피는 행동은 쉽지만 끊는 것은 정말 어렵다.

오죽했으면 담배 끊는 사람을 독한 사람이라고 하겠는가

작은 것 하나를 바꾸는 것 버리는 것

끊는 것은 나의 의지로 하기가 쉽지 않은 일이다.

나의 의지와 그분의 보살핌이 필요한 일이다.

제티슨(jettison) 하자!

(1) 가족을 위해, 이웃을 위해 내가 버려할 것은?

(2) 나의 습관/ 잘못된 행동의 변화는 어떻게 해야 가능한가?

(3) 가족을 위해, 이웃을 위해 내가 끊어 버려야 할 것은?

(4) 어떻게 해야 끊을 수 있는가? 방법은?

(5) 가족에게 이웃에게 도움을 주어야 할 것은?

"자기의 육체를 위하여 심는 자는
육체로부터 썩어질 것을 거두고 성령을 위하여 심는 자는 성령으로부터 영생을 거두리라"
- 갈라디아서 6장 8절

"오직 성령의 열매는 사랑과 희락과 화평과 오래 참음과 자비와 양선과
충성과 온유와 절제니 이같은 것을 금지할 법이 없느니라"
- 갈라디아서 5장 22-23절

삶은 열매이다

누렇게 익은 벼가 햇빛에 반사되어

금빛 물결을 이루고 있는 모습을 보고

과실나무에 주렁주렁 열린 열매가

해질녘 노을에 비추이면

우리의 가슴도 풍요로움과 아름다움으로

가득함을 느낄 수가 있다.

삶 속에서 힘든일이 있어도 열매 맺는 일이 있다면

피곤하여 쓰러질 듯 하여도 열매 맺는 일이 있다면

불켜진 십자가 밑에서 고개 숙이고 기도를 드리다 잠들어도

열매 맺는 일이 있다면

나는 그 일을 하리라 다짐하며 기도한다.

우리의 삶 속에 작든 크든 열매가 맺히기를 바란다.

(1) 내가 가족에게 맺고 있는 열매는 무엇인가?

(2) 나의 주변에 맺고 있는 열매는 무엇인가?

(3) 나는 누구와 무엇을 열매 맺고 있는가?

(4) 열매 맺는 삶을 살려면 어떻게 해야 하는가?

"하나님이 세상을 이처럼 사랑하사 독생자를 주셨으니
이는 그를 믿는자마다 멸망하지 않고 영생을 얻게 하려 하심이라"
- 요한복음 3장 16절

"여호와는 나의 반석이시요 나의 요새시요 나를 건지시는 이시요
나의 하나님이시요 내가 그 안에 피할 나의 바위시요 나의 방패시요
나의 구원의 뿔이시요 나의 산성이시로다"
-시편 18편 2절

삶은 축제이다

박수받는 것을 싫어하는 사람은 없다.

박수를 받으면 힘이 생긴다.

삶 속에서 매일매일의 축제의 파티

나의 삶이 축제의 장이라고 하면

나는 그분을 주인공으로 모시고 싶다.

나의 삶이 축제의 장이라고 하면

나는 그분과 축제를 즐기고 싶다.

나의 삶이 축제의 장이라고 하면

매일매일이 천국 잔치의 축제의 장이 될 것이다.

매일매일의 삶 속에서 축제의 파티가 이루어진다.

축제 속에서 우리는 삶의 기쁨의 노래가 이어지고

즐거운 춤을 추면서 살아가는 삶의 축제가 될 것이다.

나는 그분과 함께 이웃과 함께 축제의 파티를 열고 싶다.

(1) 나의 삶에 박수를 치고 싶은 것은?

(2) 다른 사람을 위해 박수 쳐주고 싶은 것은?

(3) 이웃과 축제의 파티를 하고 싶다면 무엇을 준비해야 하는가?

(4) 내가 내 주변 사람 중 칭찬하고 싶은 것?(가족, 친구…)

(5) 남이 나를 칭찬해주었으면 하는 것?

01. 미래 설계도

예) 20 → 20살
21 → 21살

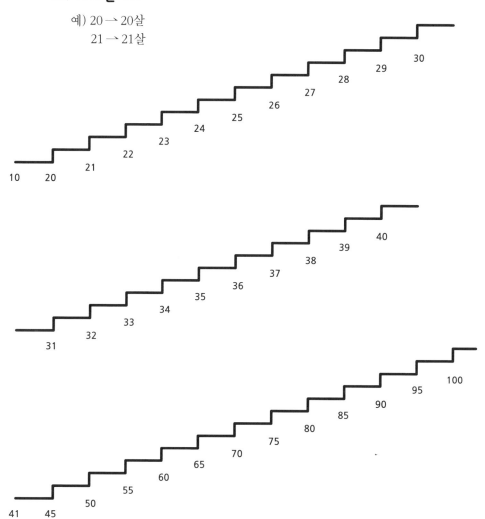

02. 신앙고백

하나님! 이렇게 살겠습니다.

03. 나에게 쓰는 위로와 격려편지

나를 칭찬(격려)하는 말(내가 보는 나)

04. 미래의 나에게 쓰는 편지

1년 후/ 10년 후 나에게 쓰는 편지/ 30년 후 나에게 쓰는 편지

05. 예수님/ 부모님/ 친구에게 감사편지 쓰기

06. 나의 버킷리스트 30개 적어보기

말씀 관련 / 여행 관련/ 하고 싶은 일 관련 외

07. 나의 생명의 말씀 카드

08. 나를 알아보는 성향검사 결과

A. 안정형

공무원

- 성격의 장점 : 꼼꼼하고 예의 바르며 부지런하다. 비밀을 중요하게 생각하고 다른 사람을 잘 배려한다.
- 성격의 단점 : 자신의 감정 표현이 서투르며 자신의 기준에 고집을 부린다.
- 대인 관계 : 새로운 친구를 만나거나 사람이 많은 장소를 좋아하지 않으며 진지하지 못한 사람은 믿지 않는다.

B. 연구형

연구원

- 성격의 장점 : 창의력이 뛰어나고 논리적이고 분석적이다. 지적 호기심이 많으며 새로운 것에 관심이 많다.
- 성격의 단점 : 마무리를 잘 맺지 못할 수 있으며 평범하고 흥미 없는 일을 하지 않으려는 경향이 있다.
- 대인관계 : 같은 스터디 모임에서는 잘 표현하고 활동적 성격을보이기도 하나 불 필요 하다고 느끼는 모임과 만남을 싫어한다.

C. 감성형

선생님

- 성격의 장점 : 감성이 풍부하고 분위기와 환경에 민감하고 비밀이 적고 표현이 풍부하다.
- 성격의 단점 : 거절을 두려워하며 환경의 영향을 많이 받으며 감정의 기복이 심하며 쉽게 포기한다.
- 대인관계 : 새로운 사람을 만나 교제하는 하는 것을 좋아하고 협력적이기 때문에 단체 생활을 좋아하고 적응을 잘한다.

D. 관찰형

발명가

- 성격의 장점 : 관찰하는 것을 좋아하며 독특한 생각과 아이디어로 새로운 대안을 제시한다. 사물을 보는 눈이 날카로와 자신의 주장이 강한 듯 보인다.
- 성격의 단점 : 조금은 자기중심적이며 감정의 좋고 나쁨이 심하다. 자신을 이해해주지 못하거나 자신이 이해할 수 없는 친구에 대해서는 비판적이며 도전적인 태도를 보인다.
- 대인관계 : 독립적인 면이 있지만 자신만의 방식과 매력으로 관계를 잘 이끌어 간다. 가끔씩 친구 관계에서 외로움이나 열등감을 경험하곤 한다.

E. 관계형

카운슬러

- ●성격의 장점 : 다른 사람에 대한 관심과 이해력이 좋고 다양한 각도에서 생각하고 해결책을 활용한다.
- ●성격의 단점 : 다른 친구와의 충돌을 싫어하기 때문에 충돌자체를 피하고자 하는 경향이 있다.
- ●대인관계 : 다른 친구에 관심이 많고 다툼과 분쟁을 싫어하며 단체의 분위기를 중요시한다.

F. 현실형

외교관

- ●성격의 장점 : 환경에 적응력이 강하고 목표 지향적으로 어려움을 잘 극복해 낸다. 긍정적인 사고를 가지고 있다.
- ●성격의 단점 : 여러 가지에 대한 용심으로 하나의 결과를 만들기 쉽지 않으며 자신의 감정에 따라 쉽게 포기하는 경향이 있다.
- ●대인관계 : 자신의 감정을 표현할 정도로 친구들과 사이가 좋으나 자신에 필요한 친구와 그렇지 못한 친구를 구분하는 경향이 있다.

G. 사고형

- 성격의 장점 : 다른 사람에 대한 배려가 강하고 생각이 많으며 친구관계가 원만하며 묵묵히 최선을 다한다.
- 성격의 단점 : 다른 사람의 감정과 요구에 자신의 주장을 죽이고 새로운 환경에 적응하지 못하며 남에게 의지하려는 경향이 있다.
- 대인관계 : 다른 친구의 생각이나 주장에 동의하지 않더라도 겉으로 잘 표현하지 못하며 남 앞에 서는 것을 다소 쑥스러워 한다.

H. 리더형

- 성격의 장점 : 문제에 부딪쳤을 때 해결하려는 욕구가 강하다. 결과를 잘 만들어 내고 통솔력이 뛰어나다.
- 성격의 단점 : 권위적이거나 인정할 수 없는 사람에 대해서는 강하게 싫어하며 반대하려는 경향이 있다.
- 대인관계 : 독립심이 강하고 다른 사람에게 인정받는 것을 중요하게 생각하므로 자신의 감정을 절제하려 한다.

I. 완벽형

전략가

- 성격의 장점 : 미래 지향적이고 진보적인 사고를 가지며 일의 중요성을 잘 파악하며 자기관리 능력이 탁월하다.
- 성격의 단점 : 강한 자기주장과 의욕으로 인해 다른 사람을 힘들게 하며 실수를 쉽게 인정하려 하지 않는다.
- 대인관계 : 노력을 많이 하고 책임감이 강하며 상냥한 사람에게는 다정다감하며 권위적인 사람에게는 강하게 반발한다.

J. 열정형

예술가

- 성격의 장점 : 자신감이 많고 목표를 달성하려는 노력형이다. 어려움에 빠져도 감정적이기 않게 대처하려는 능력이 있다.
- 성격의 단점 : 자신의 능력이 다른 사람에 비해 부족하다고 생각하면 자신감이 떨어진다. 목표가 달성되지 않으면 집중력이 현격이 떨어진다.
- 대인관계 : 상황에 대한 대처 방법이 뛰어나고 칭찬으로 남을 설득하는 능력이 있다. 다소 경쟁적이면서 협력을 잘한다.

출판을 기뻐하며

지금까지 살아온 인생 가운데 길을 잃고 방황하는 사람들에게 또는 절망으로 삶을 포기하고 싶은 사람들에게 대아 관계와 대인 관계, 대신 관계가 회복됨으로써 매우 가치 있는 유익한 삶으로 하나님의 걸작품다운 삶으로 명품의 삶으로 인도하리라고 기대합니다. - 최정수 목사(한국기독군선교사회 회장)

많은 젊은이들이 3포 5포 N포를 외치고 있을 때 젊은이들을 향해 삶의 반전 포인트를 짚어가며 한 장 한 장 지루하지 않게 써 내려 간 책으로, 이 책이 누구보다도 청년들을 변화시키는 값진 책이 되기를 간절히 기도합니다. - 김철기 목사(기침군선교사 회장)

현대의 수많은 사람들이 인생의 옳은 길의 방향을 알지 못한 채 혼란을 겪으며 방황하고 있는 이때 이 책은 특히 청소년들과 청년들에게 하나님의 말씀 안에서 자신을 발견하며 말씀에 기초한 삶을 살아가도록 안내하고 응원하는 보물 같은 인생의 길잡이가 될 것이다. - 박연자 목사(예성군선교사회 회장)

이 책은 청소년들이나 청년들로 하여금 자신의 위치를 찾아가고, 또 자신이 누구인지를 알아감으로써 앞으로 전개될 인생의 대장정에서 어떻게 인생을 꾸려나가야 할 것인지를 제대로 찾아갈 수 있는 과정들이 충분히 녹아 있다는 측면에서 대단히 유용한 스킬을 제공하고 있다. - 배옥연 목사(백석대신군선교사회 회장)

이 책이 독자들과 양육 받는 이들에게 삶과 사역에서 나침반과 같이 방향의 역할을 하게 되고, 기초 다지기, 비전 다지기, 삶의 내용 다지기를 훈련하는 도구가 될 것입니다. 또한 성령님과 동행하는 삶으로 인도하는 그리스도인들의 필독서입니다.
- 배홍성 목사(감리교군선교사회 회장)

청년 초기에는 꿈과 희망을 꿈꾸지만 당면한 현실적인 삶에 매몰되는 경향이 크므로 아울러 어떤 어려운 상황에 놓이면 갈등으로 방황할 때가 많습니다. 이 책은 그들에게 건강한 가치관과 소명의식을 심어줄 것입니다. - 신종국 목사(합동군신교사회 회장)

저자는 탁월한 감성과 열정으로 삶의 요소들을 정의하며 인생을 통찰하게 하며, 예수님과 이웃과의 관계를 회복하며 진정한 삶을 찾아가도록 안내한다. 청년들과 청소년들이 인생의 나침반으로 삼아 자신의 삶을 축제로 만들어 가며 밝고 아름다운 사회를 이룩하는데 크게 기여하리라 기대한다. - 이금순 목사(통합군선교사회 회장)

청소년은 물론 청년들에게 신앙적 비전을 심어주어야 하는 시기에 이 책은 신앙생활의 정착과 소명의식, 비전, 가치관을 로드맵하는 가이드 역할과 인간의 최고 가치를 추구하는 행복한 삶을 성취하게 할 것입니다.

– 이광조 장로(건국대학교 명예교수/ 전 건국대학교 부총장 역임)

참고도서

- 조지 뮬러의 기도 5개 원리(유재덕 옮김) / 강같은평화
- 내 아이를 위한 사랑의 기술 / 존 가트맨, 남은영 저(한국경제신문)
- EQ감성지능 / 다니엘 골먼 저(한창호 옮김: 웅진지식하우스)
- 데스티니 / 고성준 저(규장)
- 진리가 자유케 하리라 / 나침반편집팀(나침반)
- 1등 아이는 타고난 지문부터 다르다 / 이용재 저(박문각)
- 성경 – 개역개정

왜 울어? 난 괜찮아!

이동성 목사

사랑하는 사람을 먼저 보내면서
아파하고 울고 있는 이들에게
'난 괜찮아, 우리도 괜찮아'라는
고백이 되길 바라며 아들의 병상에서 체험한
하나님의 은혜를 함께 나눕니다.

두 자녀를 잘키운 삼숙씨의 이야기

정삼숙 사모

미국의 예일, 줄리어드, 노스웨스턴,이스트만,
브룩힐, 한예종, 예원중에서 수석도 하고 장학금과 지원금으로
그동안 10억여 원을 받으며 공부하는 두 아이지만,
그녀는 성품교육을 더 중요시했다.

전도2관왕 할머니의 전도법

박순자 권사

1년에 젊은이 100여 명을 교회로 인도한
60대 할머니의 전도법과 주님께 받은 축복들!

이너힐링

우광성 목사

온갖 상처와 아픔에 노출되어 온 우리 삶의
모든 부정적인 모습들이, 단순한 치유를 넘어
주님 안에서 진정한 자유, 보람, 더 할 나위없는 만족,
그리고 대 감사에 이르게하는 성숙한 삶으로의 초대!

30가지 주제 / 30일간 기도서!

무릎기도문

시리즈 16

주님께 기도하고 / 기다리면 응답됩니다

1
자녀를 위한
무릎 기도문

2
가족을 위한
무릎 기도문

3
태아를 위한
무릎 기도문

4
아가를 위한
무릎 기도문

5
십대의
무릎 기도문

6
십대자녀를 위한
무릎 기도문

7
재난재해안전
무릎 기도문
〈자녀용〉

8
재난재해안전
무릎 기도문
〈부모용〉

9
남편을 위한
무릎 기도문

10
아내를 위한
무릎 기도문

11
워킹맘의
무릎 기도문

12
손자/손녀를 위한
무릎 기도문

A1
태신자를 위한
무릎 기도문

A2
새신자
무릎 기도문

A3
교회학교 교사
무릎 기도문

A4
선포(명령)
기도문

망망한 바다 한가운데서 배 한 척이 침몰하게 되었습니다.
모두들 구명보트에 옮겨 탔지만 한 사람이 보이지 않았습니다.
절박한 표정으로 안절부절 못하던 성난 무리 앞에 급히 달려 나온 그 선원이
꼭 쥐고 있던 손바닥을 펴 보이며 말했습니다.
"모두들 나침반을 잊고 나왔기에… "
분명, 나침반이 없었다면 그들은 끝없이 바다 위를 표류할 수 밖에 없을 것입니다.

우리는 삶의 바다를 항해하는 모든 이들을 위하여
그 나침반의 역할을 하고 싶습니다.
우리를 구원하신 위대한 주 예수 그리스도를 널리 전하고 싶습니다.

"하나님은 모든 사람이 구원을 받으며
진리를 아는 데에 이르기를 원하시느니라"
(디모데전서 2장 4절)

내 인생의 로드맵

지은이 | 이용재 목사 지음
발행인 | 김용호
발행처 | 나침반출판사

제1판 발행 | 2019년 9월 5일

등 록 | 1980년 3월 18일 / 제 2-32호
본 사 | 07547 서울특별시 강서구 양천로 583
        블루나인 비즈니스센터 B동 1607호
전 화 | 본사 (02) 2279-6321 / 영업부 (031) 932-3205
팩 스 | 본사 (02) 2275-6003 / 영업부 (031) 932-3207
홈 피 | www.nabook.net
이 멜 | nabook@korea.com / nabook@nabook.net
일러스트 제공 | 게티이미지뱅크

ISBN 978-89-318-1582-5
책번호 다-1138

값은 뒷표지에 있습니다.